# VIRGO

## KEEP YOUR PURE HEART.

# 純粋さを守り抜け

### 乙女座の君へ贈る言葉

## 鏡リュウジ
Ryuji Kagami

JN073877

sanctuary books

乙女座の心のなかには小さな宝物がある。
それは世にも美しいパーツだ。
そのパーツが、
あなたに必要なものを引き寄せる。
特別な人やものと出会うたび、
そのパーツは反応し、
あなたを正しいほうに導いてくれる。

「美しい」と感じる気持ちを大切にしよう。
いろんな美しさを見つけるたびに
自分のなかにある美しさも、
形にできるはずだから。

足を一歩一歩、丁寧に運ぶ。
言葉を一つひとつ、丁寧に紡ぐ。
食を一口一口、丁寧に味わう。
そんなふうに過ごしながら、
暮らしを細やかにつくり上げていきたい。

自分のルール、こだわりの強さに
苦しめられるときもあるだろう。
しかしその理想を求める純粋さ、
堂々とした振る舞い、凛とした佇まいは、
乙女座にとっての武器だ。
たとえいまは孤独だとしても、
あなたは何歩も先を行かなければいけない。

周囲に流されることなく、
自分の哲学を守り抜け。
乙女座をより成長させ、
自分を正しい道に導いてくれるのは
自分の哲学だけだ。

どれだけ馬鹿にされても、
笑われても、
気にせずに我が道を歩いていれば、
いつかみんなが、
あなたの背中を追うことになるだろうから。

乙女座には夢を叶える力がある。
それは小さなことに誠実な
現実主義者（リアリスト）だからだ。
妄想を妄想で終わらせることなく、
夢に向かうまでの道のりを、
現実に変えることができる。

焦ることはない。
今日のあなたは、
昨日までのあなたが願ったことを
ただ行動に移せばいい。
一つひとつ、丁寧に。
ただそれだけで夢への階段は、
着実に積み上がっていく。

乙女座の人生とは、
一枚の精巧なタペストリーのようだ。
部分と全体に気を配りながら、
一本一本、丁寧に糸を紡いでいく。
繊細で根気のいる作業だが、
他の人の力に目を向け、
お互いに力を合わせることで、
より美しく仕上げることができるだろう。

素晴らしい乙女座の人生を
さらに輝かせる「挑戦」と「飛躍」のために、
35 のヒントとメッセージを贈ります。

乙女座のあなたが、

もっと自由に
もっと自分らしく生きるために。

VIRGO

# CONTENTS

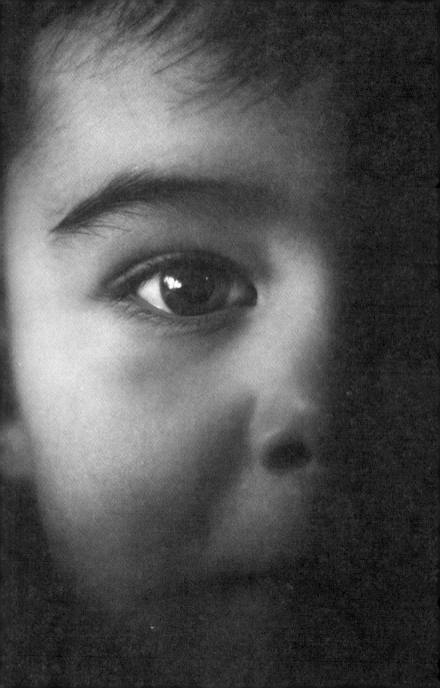

VIRGO

# CHAPTER 1

# 本当の自分に
# 気づくために

## 【夢／目標／やる気】

あなたの夢は何か?
やりたいことが見つからないときは?
あなたの心を動かすものは何か?
乙女座のあなたが、
向かうべき方向はどこだ。

VIRGO

# 1

「純粋」であることを
あきらめない

乙女座の心のなかにある、小さいけれど美しい理想。一点の曇りもないものを追求する純粋な思い。周囲の人は「現実的じゃない」とか「そこまで完璧なものは無理」とか「そんな細かいことになぜこだわるの」というかもしれない。あなた自身も、無意識のうちにそのこだわりにフタをしてしまっているかもしれない。

　でも、乙女座は、純粋であることをあきらめてはいけない。

　乙女座は女神・アストライアが天に昇った姿を表している。堕落した人間世界で、最後まで理想を信じ求めた女神。乙女座のなかにはその魂がいまも生きている。あなたの生き方の根底に流れる透き通った思いは、あなたの人生を豊かにする水源なのだ。

　だから、自分の純粋さを恥ずかしがらずに表現して、ほんのすこしでいいから現実に反映させていこう。

　たとえば、この世界をよりよいものにすると信じられる仕事、みんなが幸せに暮らせる理想を追い求められる仕事、緻密で美しい完璧な物づくりができる仕事に取り組んでみる。仕事でなくてもいい。凛とした佇まい、よどみない物事の進め方、清々しい日常の暮らし、誠実な人間関係を心がける。

　欠片のように小さくても、純粋で美しいものを追い求めていれば、前向きな気持ちになれるし、成長していける。

　もちろん思い描く理想を完璧に実現することは難しいだろう。でも、争いや災いの絶えないこの汚れた世界でも、人はときおり奇跡にも似た美しさや正しさに出会って、救われることがある。

　その奇跡を生み出すのが乙女座の役割だ。

　乙女座の純粋さを追い求め続ける心が、この世界をすこしだけより優しく、より美しくする。みんなも、本当は心のどこかで乙女座の純粋さを求めている。

# 2

体験が怖いなら
「観察」するだけでいい

乙女座はとても慎重。新しいことに出会うと「体験していないからわからない」と思うけれど、だからといって、実際に体験することも怖くてなかなかできない。

　慎重なのは悪くないけれど、そればかりだと、新しい世界に踏み出せないし、自分の可能性を閉ざしてしまう。

　怖さがあるなら無理に体験をする必要はない。でも、そのかわりに徹底的に「観察」しよう。

　乙女座はものすごく精度の高い観察眼を持っている。他の人は気づかない細かいところまで見える。だから、観察さえすれば、自分がやるべきことなのかどうかがわかってくる。

　たとえば、仕事を選ぶときに、インターンに行くのが怖かったら、気になる会社の近くのカフェで、その会社の人がランチしているのを見るだけでいい。さまざまな職種の人がいるところに出かけて、いろんな仕事の人を見るだけでもいい。

　そうすれば、乙女座のあなたにはその仕事の本質や、抱えている問題が見えてくる。自ずとモチベーションが湧いてくる。

　ただし、観察はできるだけ近づいて、事細かに。

　森のなかもぼんやり歩いているだけでは「緑一色」にしか見えないけれど、よく目を凝らせば、虫がいたり、実がなっていたり、キノコが生えていたり、さまざまな色があることに気づく。

　それと同じ。人を見るなら、その人たちが、どんな服を着ているか、どんな表情や声で話しているか、それこそ服の素材やステッチまで見るくらいの気持ちで観察してみよう。

　近づいて凝視すれば、あなたのこれからのヒント、あなたを動かす何かがきっと見つかるだろう。

VIRGO

# 3

あなたの
「傷つきやすさ」が
力の源泉になる

小さなことでも傷ついてしまうあなた。周囲の人からは「そんなことでクヨクヨする必要ない」とか、「気にしすぎだよ」とか、「もっとポジティブになれ」といわれることもあるだろう。

　自分に厳しいあなただから、「傷ついた」ことが罪に思えて、さらに自己嫌悪におちいってしまったり。

　でも、あなたの「傷つきやすさ」は罪じゃないし、「くよくよするな」なんていう説教も聞く必要はない。

　なぜなら、あなたの「傷つきやすさ」は「弱さ」ではなく、「繊細さ」からきているから。その繊細な感覚が、あなたに美しいものを生み出す力を与えている。

　たとえば、「匠」の星座といわれる乙女座には、高い技術を持った職人になる人が多いけれど、名工といわれる人たちは、ちょっとした造形のズレやほころびにショックを受け、絶望的な気持ちになるくらいの「繊細さ」を持っている。

　職人だけじゃない。伏線やトリックを緻密に張り巡らせた推理小説で知られるアガサ・クリスティ。細部にまでこだわった独特な世界観で知られる映画監督ティム・バートン。美しい言葉を紡いだ宮沢賢治、三好達治。几帳面で用心深いことで知られる投資家ウォーレン・バフェット。

　乙女座の「繊細さ」がなければ、この世に生まれなかった芸術作品、アイデア、仕事が、たくさんある。

　人間関係も同じ。「傷つきやすさ」があるからこそ、相手の痛みもわかるし、美しい関係を築いていくことができる。

　だから、あなたは「傷つきやすさ」を克服する必要なんてない、「傷つきやすさ」は力の源泉。むしろそれを武器にして、美しいものを生み出していこう。

VIRGO

# 4

# 「できること」から
# はじめて広げていく

ビジネス書や自己啓発書には「チャレンジしろ」と書いている
ものも多いが、慎重な乙女座は、いきなり大きなことをしようとす
ると、尻込みしてしまう。

　だったら、「いま、できること」から考えたらどうだろう。

　自分に厳しいあなたは「できることなんてない」というかもしれ
ないけれど、そんなことはない。たとえば、あなたには長年、毎
日欠かさずやっていることがあるはずだ。その「日常」「ルーティ
ン」のなかに、「できること」が隠れている。

　たとえば、掃除が好き。片付けが得意。散歩が好き。ペット
のお世話。何年も毎日欠かさずチェックしているテレビやSNSの
アカウントがある。会議の議論の経過を必ずメモしている。

　あなたにとっては普通のことかもしれないが、乙女座は誰より
も丁寧で、誰よりも細やかに、誰よりも粘り強く取り組むから、
必ずクオリティは高いはず。

　そして「できること」に気づいたら、「できること」の範囲をす
こしずつ、広げてみよう。

　たとえば、ペットの世話が得意なら、自分のペットだけじゃな
くて、保護犬や保護猫の世話もやってみる。

　散歩が好きなら、文章でも写真でもスケッチでもいい、歩き
ながら見たこと感じたことを毎日記録するようにしてみる。

　会議をいつもメモしているなら、それを個人のメモにとどめず、
ビジュアライズしてみんなに共有する。

　気づいていないだけ、自信がないだけで、あなたには「できる
こと」が必ずある。

　できることをすこしずつ、増やしていけばいい。小さな成功体
験があなたを、すこしずつ後押ししてくれるだろう。

# 5

卵をかえす
親鳥のように
夢を「じっくり」温める

「自分の夢」や「私だけの夢」を見つけることが苦手だという乙女座は多い。

それは、きっと使命感の強い乙女座は誰かに求められていることに意識が向く傾向があるから。だけど、本当はあなたの心の奥底には「これをやりたい」という情熱が眠っている。

ただ、その情熱は卵のように固い殻におおわれている。本当はやりたいことがあるのに、「私には特別やりたいことはない。与えられた仕事をやっていくだけ」と考えてしまう。

情熱の卵をかえすために大切なのは、親鳥のようにじっくりゆっくり温めることだ。

焦って強い火で一気に熱してしまうと、卵は爆発して粉々に砕け散ってしまう。でも、熱が弱すぎると、変化は止まってしまう。どうせ私なんか、とか、失敗するのはわかっていたという冷たい気分に支配されてしまう。

だから、時間をかけてじっくり温めてゆこう。必ず、殻は自然にやぶれてゆく。

焦る必要はない。興味のあることや気になることがあれば、たっぷり時間を使って準備し、深いところまで掘り下げればいい。

たとえば、役者には2種類いて、台本をもらってすぐに頭が切り替わって器用に演じられる人と、何カ月も前からその役作りをして役と同じような仕事や生活を体験して気持ちからその役になってゆくというタイプがいる。

乙女座は、圧倒的に後者だ。何かをやろうとするときに、表面的なテクニックじゃなくて、根本にある自分の気持ちを大事にしよう。やるべきことの歴史や考え方、価値をじっくり考えて、すこしずつ自分のなかの熱量を高めてゆこう。

VIRGO

# PERSON
### 乙女座の偉人
### 1

# 細部にこだわるからこその
# 唯一無二の世界観

## ティム・バートン
### Tim Burton

### 1958 年 8 月 25 日生まれ
### 映画監督

ディズニースタジオでアニメーターとして働き、才能を開花させる。1985 年に初の長編作品となる『ビーウィーの大冒険』が大ヒットすると、ジョニー・デップが主演の『シザーハンズ』などで「鬼才」として地位を確立。『バットマン』シリーズ、『ナイトメアー・ビフォア・クリスマス』『PLANET OF THE APES ／猿の惑星』『チャーリーとチョコレート工場』など、手掛けるジャンルは多岐にわたり、写真家としても活躍をしている。

参考　「映画 .com」
https://eiga.com/person/49107/

VIRGO

# PERSON
乙女座の偉人
2

# 情熱に身と心を燃やした生涯

## 宮沢賢治
### Kenji Miyazawa

**1896 年 8 月 27 日生まれ**
**詩人・童話作家**

岩手県で生まれ、小学校の先生に刺激されて創作活動を行うようになる。その後、花巻農学校で教師をしながら短歌や童話、詩をつくる。そのかたわらで、市民に農業指導を行うための協会を設立するなど多方面で活動を行うが、無理がたたり 37 歳で病に倒れる。『銀河鉄道の夜』『雨ニモマケズ』など多数の作品を残したが、生前に刊行されたのは詩集の『春と修羅』、童話集『注文の多い料理店』だけで、その他は死後に出版されたものである。

参考 「花巻市ホームページ」
https://www.city.hanamaki.iwate.jp/miyazawakenji/index.html

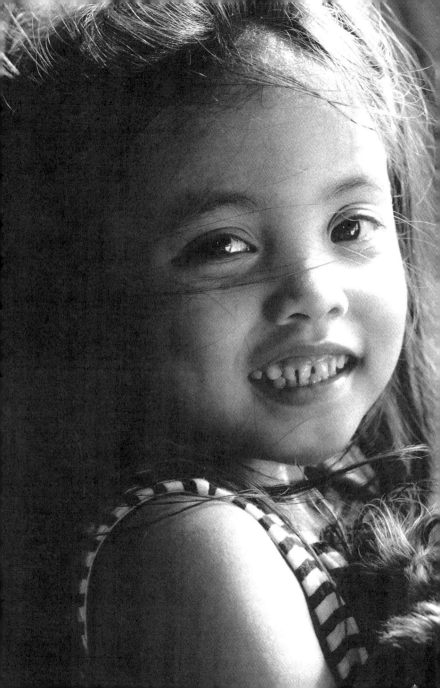

VIRGO

# CHAPTER 2
# 自分らしく輝くために

## 【仕事／役割／長所】

あなたに備えられた才能はなんだろうか？
あなたが最も力を発揮できるのはどんな場所？
あなたが世界に対して果たす役割は何か？
乙女座のあなたが、最も輝くために。

VIRGO

# 6

無理に大きいことを
するより
「小さい」ことを完璧に

乙女座のあなたは、実務能力が高く与えられたミッションを完璧にこなす。何をやっても、クオリティの高いものを生み出す力を持っている。でも一方で、慎重だから、規模の大きい課題やプロジェクトを目の前にすると、「手に負えない」と怖くなって尻込みしてしまうところがある。

　そんなあなたに「勇気を出して挑戦したら」とアドバイスをする人がいるかもしれないけれど、乙女座は無理をして大きなことに取り組む必要なんてない。

　むしろ、大切なのは「小さい」ことでいいから、自分が納得できるよう取り組んできちんと完成させること。あなたは、この規模なら細部まで目が届く、丁寧にやれると思えたら、俄然、積極的になれるし、力を発揮する。

　自分ができそうな範囲でやっているだけだと、いつまでたっても成長できないって？　そんなことはない。小さい成功体験を積み重ねれば自信がつくし、経験値が高まっていくから、自然と前よりも大きなこと、新しいことができるようになる。

　たとえば、あなたがお店のスタッフなら、まず、ひとつの棚にだけ集中して品ぞろえや配置を考える。事務を担当しているなら、1日の出入金など決められた範囲で完璧な仕事を心がける。

　それがきちんと達成できたら、次は棚からコーナーへ、1日の出入金から週単位の出入金へ。そうやって範囲をすこしずつ広げていけば、自分で意識しないうちに倍の規模のプロジェクトでも、目が届くようになる。

　あなたにもし、何か夢があって、でも何から手をつけていいかわからないのなら、小さいことからはじめて、すこしずつ大きくしていこう。必ず理想に近い形でゴールに辿り着けるはずだ。

VIRGO

# 7

「使命感」を
持てる仕事が
あなたを輝かせる

乙女座の原動力は「使命感」。自分が必要とされている実感が持てれば、モチベーションが湧くし、力を発揮する。逆に、自分がいなくても組織が回ってゆくと感じたり、なんのためにやるかわからなくなると、居心地が悪くて元気がなくなってしまう。

　だから、仕事を選ぶときも、収入や待遇以上に、使命感を持てるかどうかを重視しよう。たとえば、医師や看護師などの医療従事者、教師、カウンセラー、介護福祉士、セラピスト、コンサルタント、動物トレーナーなど、目の前の相手に直接、貢献できる仕事。デザイナー、設計士、秘書、通訳、営業、ガーデナーのように、顧客の要求にダイレクトに応じる仕事。

　人を直接助ける職種でなくてもいい。「何が自分の使命か」を意識すれば、モチベーションが上がるし、力がみなぎってくる。たとえば、事務をしているなら「会社を支える砦の仕事」、商品の梱包を担当しているなら「商品をドレスアップして価値を上げる仕事」ととらえてみる。

　いまの仕事で、新たに会社や社会に貢献する方法がないか、考えるのもおすすめだ。

　飲食業や食品販売の仕事をしているなら、地産地消や環境保護、食の安全を意識して、仕入れ先を選ぶ。人事の仕事をしているなら、会社の都合だけでなく、社員一人ひとりがやりがいを感じ個性を発揮できるような人事を意識する。どんな商品やサービスを扱っていても、現状で不便を感じている人はいないか、排除されている人はいないか考えれば、意識はぐっと高まる。

　どんな仕事をしていても、「使命感」「役割意識」を見出すことができるのが乙女座だ。自分なりの「使命感」「役割意識」さえ見出せれば、乙女座は全力を尽くすことができる。

# 8

## どんな仕事をしても
## 「職人」であれ

乙女座にふさわしい職業のひとつは「機織り」だと古い本には
ある。これはそのままの意味であると同時に一種のたとえでもあ
る。細い糸を紡いで美しい布を織り上げる「機織り」のように、
乙女座は丁寧に、正確に、繊細に、忍耐強く、物事に取り組み、
完璧なまでに整った美しい世界をつくり上げる。工芸品や料理な
どをつくる「職人」になれば、大きな力を発揮するし、「匠」「名
工」と呼ばれる乙女座も少なくない。

　しかも、この「職人」的な資質、能力は、どんな分野でもな
んの仕事をしていてもあなたの武器になる。

　職場にはたいてい「〇〇職人」と呼ばれている人がいる。企
画書づくりに長けている "企画書職人"。どんな複雑な工程もわ
かりやすい表にする "エクセル職人"、メールだけで相手の信頼
を勝ち取れる "メール職人"……彼ら彼女らはみんな、上司や同
僚から「あの仕事はあの人に任せておけばいい」「あの人のかわ
りはいない」と一目置かれ、独自のポジションを築いている。

　あなたもまず、そういう存在を目指してみたらどうだろう。

　乙女座が、ひとつのことに集中的に取り組めば、必ず他の人
に真似のできない完成度の高い仕事ができるようになる。やが
て、その分野の「職人」＝スペシャリストとして、周りから高い評
価とリスペクトを集めるようになるだろう。

　この「職人」というポジションは、あなたに自信や安心感を与
えてくれる。くだらない出世競争やマウント合戦からも自由にして
くれる。ストレスなく働けるようになって、仕事への集中度が増
し、あなたの評価はさらに高まっていくだろう。

　もちろん職人をまっとうする必要はない。自信を糧に新しい分
野にチャレンジしてもいい。でも、まずは職人であろうとすること。
それが乙女座にとって未来への入り口になる。

VIRGO

# 9

分析力を生かして
「課題」を発見する

どんな仕事をしていても、新しい企画、アイデアが求められるイノベーションの時代。謙虚な乙女座のあなたは、画期的なアイデアやイノベーションなんて自分には無理と思い込んでいるかもしれない。

　でも、実際にビジネスの世界で重視されているのは、ユニークな発想よりも、課題を発見する力。不便なこと、困っていること、うまくいっていないことを発見し、解決法を考えていくうちに、新しい商品、サービスが生まれてくる。

　乙女座には、このイノベーションの大元である「課題発見力」がある。

　乙女座のキーワードは、「I analyse ＝私は分析する」。細やかな観察力と分析力があるから、うまくいっていないことや誰かが困っていること、傷んでいるものに気がつく。しかも、そのセンサーはとても繊細なので、まだみんなが問題に気づいていない段階でも、異変や問題点を見つけ出すことができる。

　その才能を仕事やビジネスに生かしていこう。

　いまある商品やサービスで不便だと感じていること、会社や社会に対する不満、あなたの近くで困っている人の原因、そういうことを片っ端から洗い出して、分析してみる。

　乙女座には対応力もあるから、問題点を意識すれば、自ずとその解決方法＝新しい企画のアイデアが湧いてくる。あなた自身がアイデアを思いつかなければ、課題を提示するだけでもいい。それをきっかけに周りが動いて、新しい技術、新しいサービス、新しい組織マネジメントの発明につながっていく。

　課題のない完璧な場所なんてない。乙女座にとって不満だらけのこの世界は、新しい可能性に満ちたチャンスの宝庫なのだ。

VIRGO

# 10

あなたの「こだわり」
を守れる場所を選ぼう

あなたは「こだわりが強い」といわれることがないだろうか。

　確かに、乙女座は何かをはじめると、他人がどうでもいいと思う細部にまで徹底的にこだわり、納得いくまで何度もやり直す。仕事の手順や段取り、もの選びや日常生活の隅々まで、こうあるべきとか、これだけは絶対にやらないと決めていることがある。

　そのこだわりは、他人や会社にも向けられ、ちょっとしたことで「何か引っかかる」と違和感を拭えなくなったり、「許せない」と耐えられなくなることも少なくない。

　周りは「細かいことにこだわりすぎだよ」というかもしれないけれど、でも、乙女座はそれでいい。むしろ、その「こだわり」を絶対に捨てないほうがいい。

　なぜなら、その「こだわり」こそが乙女座の生命線だからだ。

　乙女座は、細部にまで徹底的にこだわるから、他の誰にもつくれない美しいものをつくり上げる。誰も気にしないようなところまで気を配れるから、周りの信頼を得る。

　だから、周囲に「また、〇〇さんのこだわりがはじまった」と呆れられても、気にする必要はない。むしろ、自分の「こだわり」を徹底的につらぬこう。

　もし、いまいる場所があなたの「こだわり」を許してくれないなら、とっとと見切りをつけて、あなたの「こだわり」を守ってくれる場所を選ぶべきだ。あなたが自分の「こだわり」「やり方」を通せるだけの裁量や自由を与えてくれるところ。あなたの「こだわり」を理解し、尊重してくれる人がいるところ。

　あなたのこだわりは、けっしてわがままではない。意識の高い人たちにはきっと、その意味や重要性を理解してもらえるはずだ。

VIRGO

# PERSON
乙女座の偉人
## 3

# 愛読者から作家になった
# ミステリーの女王

## アガサ・クリスティ
### Agatha Christie

**1890 年 9 月 15 日生まれ**
**推理作家**

イギリスで生まれ、子どもの頃からミステリー作品を愛読して
いた。結婚を経て、1920 年に処女作『スタイルズ荘の怪事件』
を発表。以後、85 歳で亡くなるまでに 60 本の長編、148 本
の短編小説を執筆し、「ミステリーの女王」と呼ばれている。『そ
して誰もいなくなった』『オリエント急行殺人事件』などの作品
は映像化もされ、いまなお世界中のファンやクリエイターに影
響を与えている。小説のみならず、戯曲も多数手掛けていた。

参考 「講談社 BOOK 倶楽部」
https://bookclub.kodansha.co.jp/product?item=0000190861

VIRGO

## PERSON
乙女座の偉人
### 4

# 「新しい教育」を
# 実践した先駆者

## マリア・モンテッソーリ
Maria Montessori

**1870 年 8 月 31 日生まれ**
**医学博士、幼児教育者**

「モンテッソーリ教育」の生みの親。イタリアで生まれ、ロー
マ大学で初の女性医学博士となる。大学卒業後は、障害を
持った子どもの治療プログラムに携わり、大きな成果を上げた。
その後、「子どもの家」という保育施設を運営し、すべての子
どもに応用できる教育メソッドとして確立。モンテッソーリ教
育では、「子ども自身が自立し、学び続ける」教育を目的に、
世界中で実践されるようになっている。

参考 [日本モンテッソーリ教育綜合研究所]
https://sainou.or.jp/montessori/about-montessori/about.html

VIRGO

# CHAPTER 3

# 不安と迷いから
# 抜け出すために

## 【決断／選択】

人生は選択の連続だ。
いまのあなたは、過去のあなたの選択の結果であり、
いまのあなたの選択が、未来のあなたをつくる。
乙女座のあなたは、何を選ぶのか。
どう決断するのか。

VIRGO

# 11

心が「美しい」と
感じるかどうかで選べ

最後の最後に何で決めるか。人には、それぞれの究極の判定基準がある。ある人は役に立つかどうか、ある人はおもしろいかどうか、ある人は自分らしいかどうか、ある人は新しいかどうか。乙女座の場合は、美しいか美しくないか、だ。

　ものを選ぶときももちろんだけど、生き方とか日々の暮らし方、仕事の進め方、人とのつきあい方……。迷ったら、最終的には美しいかどうか、で選べばいい。

「美しい」といっても、みんなが一般的にいうような「綺麗」とか「カッコいい」とか「オシャレ」とは違う。

　あなただけが感じる「美しい」。あなたが心から「美しい」と感じられるかどうか。

　人から見たら、なんで？　と思われるものがあってもいい。みんながガラクタと笑っているもののなかに、本当の「宝物」を見出せる眼が、あなたにはある。

　だから、あなたが「美しい」と感じるものを選び続ければいい。

　全体のバランスなんか考えなくていいし、役に立つかどうかも考えなくていい。目の前にある「美しい」と感じられるものを追いかけ続ければ、あなたの人生は輝くし、絶対に後悔しない。

　しかも、その選択はきっと、この社会にも役立つはずだ。なぜなら、あなたの「美しい」には、清らかかどうか、フェアかどうか、自然の摂理にかなっているかどうか、この世界を汚さないかどうかという判断も入っているから。

　だから、自信を持って「美しい」を追いかけよう。どんな小さな選択でも、妥協せずそれを選び続ける。その選択の積み重ねの先に、みんなが憧れるだけでなく、あなた自身が満足できる美しい人生がきっと待っている。

VIRGO

# 12

選択肢と判断の
要素を「整理」する

乙女座には、本来、物事を的確に判断していく力がある。一度決めたら必ず守る生真面目さを自覚しているから、選択に慎重になるところはあるけれど、けっして優柔不断ではない。

　もし乙女座のあなたが決められないで迷っているとしたら、それだけ問題が複雑だということ。だから、焦る必要はない。たっぷり時間をかけ、分析しよう。

　まず、やるべきなのは、どんな選択肢があるのか、どういう要素で判断するのかを整理すること。乙女座が迷っているときは、何からどう選んでいいのか自体がわからなくなっているケースが多いから、そこを整理するだけで、答えが見えてくる。

　たとえば、仕事のことでモヤモヤしているなら、社内の人間関係、やりがい、将来のキャリア、家族の問題、通勤や勤務地、金銭的なこと。一つひとつ要素をばらして、それぞれについてどう考えているのかを振り返る。

　そのうえで、これから何ができるのか、選択肢を列挙してみる。上司に改善を直訴する、部署の異動願いを出す、転職する、現状維持で働きながら次のステップのために準備する……。そうやって判断基準と選択肢を整理して行くうちに、自ずと自分の向かうべき方向が見えてくる。

　それでも、方向が見えないなら、段階的に選ぶ方法もある。何を食べるか迷ったときに和食にするか洋食にするかを決めるように、まず大枠を決めて、すこしずつ選択肢を狭めてゆく。

　時間をかけていろいろ考えたけれど、結局最初の直感が一番良かったというタイプの人もいるが、あなたは違う。時間をかければかけたぶんだけ、よりよい決断ができる。納得ゆくまで悩めば、必ずベストの結論に辿り着ける。

VIRGO

# 13

## 欠点を探しまくって
## 「消去法」で選ぶ

「言葉が鋭い」とか「指摘が厳しい」とかいわれることが多い乙女座。でも、それは意地悪とか性格が悪いということではない。

　乙女座には高い批評眼があって、ものごとの本質を見極める力がある。相手に欠点があるときも、瞬時に見抜いて一番痛いところを指摘してしまう。

　だったら、選択に迷ったときこそ、この力を利用してみよう。

　複数の選択肢があったら、欠点を片っ端から洗い出すのだ。

　どの学校に進学するか、どの会社に就職するか、転職するべきか否か、結婚するか否かといった人生の大きな選択はもちろん、どのコートを買うか、どのカフェに入るか、どのメニューを注文するかといった日常的な選択でも、それぞれの選択のマイナスポイントを重箱の隅をつつくような勢いで、洗い出そう。

　そして、見逃せない欠点、決定的な問題がある選択肢はどんどん消していく。それでもまだ、複数の選択肢が残っていれば、さらに厳しくマイナスの要素を探していく。

　その作業を繰り返しても、欠点が出てこない選択肢があれば、迷わずそれを選べばいい。

　逆に、すべての選択肢にマイナスの要素を発見してしまったら？　もちろん鋭い分析力、批評眼を持つあなたがチェックしたら、そういうことは十分ありうる。

　でも、欠点や問題点に目を凝らせば、単純に欠点の数の比較だけでなく、自分がどの欠点や問題点が気になるか、何を重視しているかが、自覚できるようになる。そうしたら、きっと何を選ぶべきかがわかってくるはずだ。

「消去法」というと消極的な印象があるが、乙女座には自分の能力を一番生かせる選び方。きっと、いい答えが見つかるはずだ。

VIRGO

# 14

あえて
「楽観バイアス」で
選択を後押しする

一般的に何かを選ぶとき、気をつけないといけないのが、自分の選択が正しいと思える情報ばかり集めて安心しようとする「楽観バイアス」。都合のいい話だけに耳を傾け、デメリットを考慮せず、選択を間違えてしまうケースは少なくない。

　でも、乙女座の場合は逆だ。慎重な性格の上、観察力、分析力があるので、デメリットや問題点、欠点ばかり意識してしまう。

　もちろんそのおかげで軽率な判断をしたり、大失敗するリスクは減るけれど、一方で、本当は選びたいと思っているものを選べず、新しい決断に踏み出せないことも多い。

　だから、心の奥底で「これを選びたい」と思っているときは、あえて「楽観バイアス」をかけて、自分の選択を後押ししてくれる根拠を集めよう。

　たとえば、転職したい仕事があるのに、待遇のマイナス面で迷っているときは、自分の適性や将来性、得られるスキルなど、それでも転職したほうがいい理由を徹底的に探してみよう。

　間違った情報に騙されないかって？　大丈夫。あなたは、情報の精度をきちんと確かめられる判断力・分析力があるから、ネットの噂話レベルでは心が動かない。懸念している点があるなら、それをリカバリーする専門家の情報を探せばいい。

　それに、デメリットやマイナス要素はいやでも意識しているのが乙女座。楽観バイアスをかけるくらいがちょうどいい。多少の失敗はあってもそんなにひどい事態にはならない。

　それでも不安が消えないなら、選択しなければいいだけのこと。

　だから、怖がらないで。後押ししてくれる根拠を意識するだけで、いまより積極的な選択ができるようになって、きっと新しい自分に出会うことができる。

VIRGO

# 15

「手」を動かし、
1回、「形」にしてみる

乙女座に多いのは、完璧主義者ゆえの迷い。最初から、一点の曇りもない完璧なものを求めると、動けなくなってしまう。

　完璧主義は悪くないけれど、乙女座は頭で「完璧」を追い求めてはいけない。実際に手を動かし、つくってみて、つくりながら完璧を目指したほうがいい。

　迷ったときは、確信は持てなくても、違和感はあっても、いまある選択肢のいずれかで1回、「形」にしてみよう。

　乙女座のあなたは、観察力も分析力もあるから、一度、形にしはじめると、さらに見えてくるものがある。目に見える形になって、はじめて欠点や本来行くべき方向性が見える。頭で考えていたときには気づかなかった問題点や、どう修正すればいいか改善策もわかる。

　そして、修正しながら、つくっていると、また次の選択肢があらわれる。そうしたらまた同じように試作と修正を繰り返しながら、すこしずつ完璧な世界に近づいていく。

　この修正力が乙女座の強みだ。

　1回やってみてダメなことが出てくると、そこで失敗だったとあきらめてしまう人も多い。でも乙女座は違う。すこしずつ粘り強く修正を積み重ね、理想形に近づけていくことができる。

　だから、迷わないで、ひとまず作業しはじめてみよう。やりながら修正する、つくりながら形にする。AかBで迷ってもどちらかで1回やってみる。Aがダメだったら、修正する。

　細やかなあなただから、どんな小さな異常も見逃さないし、すこしでもおかしいと感じれば修正する。

　乙女座の求める完璧というのは、完璧を目指し続けるプロセスのなかにこそある。

VIRGO

**PERSON**

乙女座の偉人

5

# はまり役に出会えたとき
# 人は大きく輝く

## キアヌ・リーブス

Keanu Reeves

1964 年 9 月 2 日生まれ

俳優

レバノンで生まれ、カナダのトロントで育った。高校を中退し、役者として活動を開始。カナダで舞台やテレビを中心に活動し、映画『栄光のエンブレム』に出演以降、ハリウッドへ進出。『スピード』でブレイクすると、『マトリックス』の主人公ネオ役でその人気を確立した。近年は『ジョン・ウィック』シリーズに出演し、はまり役となっている。なお、2013 年には『キアヌ・リーブス ファイティング・タイガー』で監督デビューも果たしている。

参考 「映画 .com」
https://eiga.com/person/25800/

# 世界観をつくり上げた
# ショートショートの神様

## 星新一
### Shinichi Hoshi

**1926 年 9 月 6 日**
**小説家**

東京の実業家の家で生まれるが、幼少期は両親や兄弟とは離れた部屋で暮らし、話し相手はクマのぬいぐるみだったという。その後、東大大学院を経て父の創業した星製薬を継ぐが、1957年に小説家としてデビュー。以後、1 話 4000 文字程度の短編小説を次々と生み出し、「ショートショートの神様」と呼ばれるようになる。生涯で 1001 本以上の作品を残し、難読漢字がなく透明感のある独自の世界観は、世代を問わず愛読されている。

参考 「星新一公式サイト」
https://www.hoshishinichi.com/profile/

VIRGO

# CHAPTER 4
# 壁を乗り越えるために

## 【試練／ピンチ】

あなたの力が本当に試されるのはいつか？
失敗したとき、壁にぶつかったとき、
落ち込んだとき……。
でも、大丈夫。
あなたは、あなたのやり方で、
ピンチから脱出できる。

# 16

あなたの
「愚痴」には
価値がある

乙女座は「愚痴っぽい」といわれがち。あなたも普段、「この
システムがおかしい」「上司のここが理不尽」「こうだからチーム
がうまく機能しない」といったセリフを口にしていないだろうか。

　愚痴は一般的に、マイナス思考だとか、生産性がないとか、
否定的に受け取られがちだけど、乙女座の場合は違う。

　乙女座の愚痴には、すごく価値がある。なぜなら、人一倍細
やかな観察力や分析力、鋭い批評眼に基づいているから。

　あなたの愚痴は、組織やプロジェクトがすぐに改善しなければ
いけない問題点や本質的な課題をいい当てていることが多い。
解決する鍵やヒントが含まれていることも。

　だから、遠慮することなくどんどん愚痴をいおう。大喜利くら
いの気楽さで口にしてもいい。

　ただし、気をつけたいのは、ガス抜きに終わらせないこと。

　不満を吐き出すと、スッキリして気が済んでしまうことがあるが、
乙女座の愚痴は、それで終わらせるのはもったいない。

　できれば、愚痴の内容を振り返る習慣を身につけてほしい。
愚痴ノートをつくって、書き溜めておくのもいい。

　そこには、たくさんのヒントがつまっている。憤りやイヤな気持
ちが収まってから見直せば、きっと問題解決の鍵を見つけられる。
改善策を上司や会社に説得する方法も思いつくかもしれない。

　そもそも乙女座の「愚痴」や「小言」の多さは、高い理想から
きている。「仕事なんてこんなもの」「人間なんてこんなもの」と
あきらめていたら、はなから愚痴なんて出てこない。

　あなたが「愚痴」を言うのは、いまいる場所をすこしでもより
良い場所にしてゆけると信じているからこそ。あなたの愚痴は、
世界をより良いものに変えてゆく可能性を秘めている。

# 17

日常を整え
「自分を管理」できる
自信を取り戻す

実務能力があって、集中力がある乙女座。それなのにやたらミスをしたり、物事がうまく進まなかったり、大事なことに集中できなかったりしたときは、日々の生活、ルーティンをきちんとできてないことが引っかかっているケースがある。

　たとえば、毎朝必ずフルーツを食べる、寝る前にストレッチする、週末に必ずベランダを掃除する……。小さなことだけれど、あなたにとっては欠かせない日常の習慣があって、それがあなたを安定させている。

　逆に、ルーティンが崩れると、仕事や人間関係など、もっと大事なことに影響を与えてしまう。

　だから、落ち込みや不調の理由がはっきりしていないときは、まずルーティンを立て直してみよう。「きちんとした自分」は、ときにあなたを窮屈にさせるけれど、一方で大きな支えにもなる。きっと何かが変わるはずだ。

　すごく悲しい出来事やショックなことがあったり、もっと大きな落ち込みや抑うつ的な気持ちにおちいったときも、同じ。日常をきちんとやることが気持ちを立て直すきっかけになる。

　場合によっては、さらに新しいルーティンをつくったっていい。1日おきに掃除をしていたなら、それを毎日に変えてみる。散歩やジョギングのように運動的な習慣をやっているなら、週2冊本を読むとか、週3本映画を見るといった習慣を加えてみる。毎朝通勤途中で出会う人に必ず挨拶をしたり、いままで外食だったランチを毎日お弁当をつくることにする、というのもいい。

　大切なのは、自分はちゃんとしている、自分で自分を管理できているという実感が持てるかどうか。その実感があなたに自信と強さを与えてくれる。

VIRGO

# 18

不公平な環境を捨てて
「フェア」な場所に行こう

乙女座は、基本的に勤勉で人一倍がんばり屋さん。そんなあなたが、がんばれていない、壁が乗り越えられないとしたら、それはあなた自身に原因がないのかもしれない。

　周りをよく見渡してほしい。職場や学校で、理不尽なこと、アンフェアなことが横行していないだろうか。

　自分が一生懸命やっても正当に評価されていないというのはもちろん、自分以外でも、がんばっている同僚が冷遇されている、ずるい上司が手柄を横取りして出世している、セクハラが横行している、学校で先生がえこひいきをしている、いじめがある。会社が利益優先で社会のためになっていない、環境や健康を害することにつながっている……。

　乙女座は、責任感・使命感が強い。ただし、その使命感は、そこがフェアな場所だと信じられてはじめて発揮される。自分のいる場所が間違ったことをしていないという確信があってこそ、全体の一部として役割をまっとうできる。

　あなたはいまの状態を自分のせいにしているかもしれないけど、そういう理不尽、アンフェアな状況に気づいて、使命感を持てなくなっているのではないか。

　そういうときは、思いきって環境を変えよう。

　100％フェアな場所は存在しないかもしれないけれど、自分が許せるレベルのフェアな場所はきっとある。世の中は不公平でアンフェアなことがまかり通っているけど、そのなかでぎりぎりフェアであろうとしている場所は、必ずある。

　フェアな場所に行けば、あなたは必ず力を発揮できる。多少の壁なんて乗り越えて、輝かしい成功を手に入れることができるだろう。

# 19

細かい「手作業」に
没頭して
悩みから自由になる

悩んでいるときは、壮大な自然に触れてみるといい、悩みなんて小さいことと思えて楽になる。そんなアドバイスをよく聞く。

　でも、乙女座の場合は逆。むしろ、小さくてすごく細やかなことに意識を集中させるほうがいい。手を動かして細かい作業をすると、もっといい。

　乙女座は「匠の星座」。物事への取り組み方はよく「機織り」にたとえられる。縦糸と横糸を丹念に紡ぐ作業を延々と繰り返し、美しい布を織り上げていく仕事は、これ以上ないくらいの繊細さと忍耐力が要求される。

　しかし、乙女座はそれをストレスと感じず、逆に没頭すると、心の安定が得られる。

　だから、落ち込んだときは、意味もなく細かい作業をするといい。細かい刺繍をしてみたり、精巧なジオラマをつくったり、好きな文章を美しい字で書き写したり、細密画を書いたり。ものすごく難解なパズルをやるのもいい。もっと単純な作業、たとえば、ひたすら野菜を刻む、グラスを磨き上げる、ということでもいい。

　没頭していると、ゾーンに入ったような集中力、瞑想に近いようなリラックスした感覚を持っていることに気づくだろう。

　星座によっては、肉体を追い込むことでゾーンに入る人もいれば、人とかかわることで気分を盛り上げられる人もいるが、乙女座は小さくて細やかな世界に向き合えば向き合うほど、無になってゆける。同時に、悩みや不安がすこしずつ消えてゆく。

　気がついたら朝になっていたなんてこともあるかもしれないが、寝ていないのがウソのように心はスッキリとしているはず。

　あとはゆっくり寝て疲れた体を休めればいい。目が覚めたときは、きっと、いつものあなたに戻っているだろう。

VIRGO

# 20

疲れたら
「役割」を
降りてしまおう

病気でもないのに、だるくてしんどい。気持ちは前を向いてい
るのに、体が重くて身動きがとれない。

　もしあなたがそういう状態におちいっているとしたら、それは、
自分のキャパシティ以上に、責任や役割を背負いすぎてしまって
いるからかもしれない。

　乙女座は、実務能力があって使命感もあるから、みんなに頼
られると断れず、次から次へといろんな役割、仕事を引き受けて
しまう。しかも責任感が強いので、無理をしてでも「やらなけれ
ば」「自分ががんばらないと」とやりとげようとする。

　でも、そのストレスは確実にあなたに大きな負荷を与えている。
乙女座がダメージを受けているときは、精神でなく、体に出るこ
とが多い。気持ちは平気なはずなのに、体がついていかない。

　だから、もしそういう状態になったら、勇気を持って「役割」
を降りてみよう。背負っている「荷物」を降ろしてしまおう。

　まずは、いま抱えている役割をすべてピックアップ。優先順位
をつけて、重要じゃないものから降りていく。それでもしんどけ
れば、全部降りたっていい。

　役割を降りてしまうと、もう元に戻れないという恐怖感がある
かもしれない。でもそんなことはない。

　乙女座は能力も高いし、縁の下の力持ちでいつもがんばってい
ることはみんなが知っている。むしろあなたが休んでいる間、あ
なたが担っていた役割の大きさ、あなたの存在感、あなたがい
かに必要か、みんなはそれまで以上に気づくだろう。

　役割を降りても、みんながあなたを求めることはきっと変わら
ない。だから、疲れてしまったときは、恐れることなく、役割を
降りてみよう。

VIRGO

## PERSON
乙女座の偉人

7

# 女子サッカー界の
# 象徴となった女性

## 澤穂希
### Homare Sawa

**1978 年 9 月 6 日生まれ**
**元サッカー女子日本代表**

東京都で生まれ、男子に混じりサッカーをはじめる。その後、中学生で女子トップチームに選ばれ、15 歳で日本代表デビュー。以後、日本の不動のエースとして活躍し続け、五輪に 4 回、ワールドカップに 6 回出場。2011 年のドイツ大会ではチームを優勝に導き、得点王、MVP、2011 年の女子世界最優秀選手となる。2015 年 12 月に引退した時点で、日本代表（男女合わせて）として歴代最多となる 205 試合出場、83 得点を記録した。

参考 「極限のリーダーシップ／リクルートワークス研究所」
https://www.works-i.com/works/series/kyokugen/detail005.html

VIRGO

# PERSON

乙女座の偉人

8

# 伝説のまま引退した
# 平成の歌姫

## 安室奈美恵

Namie Amuro

1977 年 9 月 20 日生まれ

元歌手・ダンサー

沖縄県で生まれ、沖縄アクターズスクールで結成された 5 人組グループ「スーパー・モンキーズ」を経てソロデビュー。ダブルミリオン（CD 売上 200 万枚以上）を記録した「CAN YOU CELEBRATE?」をはじめ、多数のヒット曲を生み出す。1990 年代には彼女のファッションを真似した「アムラー」が社会現象となった。20 年以上音楽業界の第一線で活躍をし続け、2018 年 9 月 16 日に引退した。

参考　「ORICON NEWS」
https://www.oricon.co.jp/prof/191925/profile/

VIRGO

# CHAPTER 5

# 出会い、
# つながるために

## 【人間関係／恋愛】

あなたが愛すべき人はどんな人か？
あなたのことをわかってくれるのは誰？
あなたがあなたらしくいられる人、
あなたを成長させてくれる人。
彼らとより心地いい関係を結ぶには？

VIRGO

# 21

「ナンバー 2」という
ポジションで
理想と成功をつかむ

乙女座のあなたは、能力が高くとても優秀。だけど、リーダーになれといわれると、自分には無理だと尻込みしてしまう。人前に立ったり、注目されるのが苦手という人も多い。

　だったら、「ナンバー2」を目指すのはどうだろう。

　大きな成功を収めたリーダーには、必ずといっていいほど、有能な「ナンバー2」がいる。高い理想や魅力的なアイデアを語り、明るくみんなを引っ張っていくリーダーのそばで、それを実行可能なものにして、周囲と調整し、現実に落とし込んでいく人。

　乙女座は、この「ナンバー2」的能力が、誰よりも高い。

　夢物語のように理想を語るのでなく、理想を現実化するために何が必要かを考え、実行していく知性と粘り強さ。リーダーに欠けているものを見抜き、的確に補う観察力と対応力。それでいて、獅子座のような強い承認欲求や山羊座のような功名心がないから、自分の手柄だとアピールしたりしない。仕事が評価されれば、満足できる。

　ただし、乙女座が「ナンバー2」を目指すとき、気をつけなければならないのは、自分のなかにある理想や美意識を曲げないこと。闇雲にトップを支えるのでなく、自分の価値観で支えるべきリーダーかどうかを厳しく選ぶ。この人はみんなを幸せにする人か、美しい世界を構築できる人か、よりよい社会をつくれる人か。自分の夢を叶えるために、ふさわしいリーダーを探してもいい。

　リーダーに使われるのでなく、あなたがリーダーを選んで、ナンバー2として、その人を成功に導くのだ。

　有能なナンバー2がいなければ、どんな素晴らしいアイデアも絵空事に終わるし、どんなに魅力的なリーダーもただのドン・キホーテになってしまう。高い意識を持つあなたが支えるべきリーダーを見つけられれば、世界はきっとよくなっていくはずだ。

# 22

「リサーチ力」で
人間関係の距離を
縮めよう

警戒心が強い乙女座は心を開くのに時間がかかるから、人と
フランクな関係をつくるのが苦手。もちろん、友だちや知り合い
が少なくてもかまわないし、乙女座には深く信頼し合える人が必
ずいるから、気にする必要なんてない。

　でも、そんなあなただって、仕事や趣味で知り合った人たちと、
もうすこし距離を縮められたら、と思うこともあるはず。

　そういうときは、乙女座ならではの力を使ってみよう。

　人と仲良くなる一番の秘訣は、「聞き上手」になることとよくい
われるけれど、乙女座が自分の能力をうまく使えば、誰よりも「聞
き上手」になれる。

　その力とは、リサーチ力。仲良くなりたいと思う相手がいたら、
事前に周囲の人に聞いたりSNSをチェックしたりして、その人が
関心を持っていることを調べて、何を話したいと思っているか考
える。

　愛犬のことを頻繁にアップしていたら、犬の話題をふってみる。
自作の料理をアップしていたら、つくり方を聞いてみる。

　乙女座のあなたは、情報収集力だけでなく、繊細な分析力が
あるから、その人の細かい好みや機微、ツボのようなものを見つ
け、他の人がしないような質問もできる。

　相手が話しはじめたら、その様子から「これをもっと話したい
んだな」と読み取って、そこをさらに掘り下げることもできる。

　とにかくあなたが聞きたいことを聞くのでなく、相手のことをリ
サーチして相手が話したいことを想像して、相手に気持ちよく話
させること。そうすれば、相手はあなたといて心地いいと感じる
はずだし、また話したいと思ってくれる。

　情報収集力と分析力は、なかなか心を開けないあなたが人と
つながるための大きな武器になるだろう。

VIRGO

# 23

「批評する」から
「育てる」へ

乙女座は「毒舌」「小言が多い」とよくいわれる。でも、乙女座は、相手を貶めようと攻撃したり、ただの好き嫌いで漠然と悪口をいっているわけではない。観察眼、分析力があるから、その人の一番ダメなところや、うまくいっていない原因が見えて、それをつい具体的に指摘してしまう。

　痛いところをピンポイントで突くから、相手が反発したり、あなたのことを煙たがってしまうけれど、あなたの毒舌には、相手への期待、もっとよくなってほしいという思いが込められている。いわば、建設的な批評なのだ。

　でも、だったら、その真意が伝わらないのはもったいない。あなたもその先に行ったほうがいい。

　具体的には「アドバイスする」「育てる」意識を持ってみたらどうだろう。

　ただダメなところや悪いところを指摘するだけでなく、同時にいいところを褒めたり、何を直せばいいか、何を伸ばせばいいか、どうすればよくなるか、前向きな提案をセットにしてみる。

　結論だけでなく、あなたがそう考えた思考の過程や分析も丁寧に話す。相手のことだけでなく、相手の置かれた状況などの分析も俯瞰して話す。

　乙女座は実は教え上手。状況を改善することにも長けているし、相手の機微を読み取る細やかなコミュニケーション能力もある。

「批評する」から一歩踏み込んで「育てる」という目線を持てば、きっと相手はあなたの言葉が「自分のために言ってくれている」ことを理解するはず。

　あなたのアドバイスに素直に耳を傾けて、大きく成長し、やがてあなたをリスペクトするようになるだろう。

VIRGO

# 24

「恋愛」を怖がらず
自分が自分でなくなる
体験をしよう

ルールや価値観を厳しく守り、つねに自分をコントロールしている乙女座。すこしでも傷つく可能性がある挑戦はやろうとしない。

　それは乙女座を幸せに導く大切な姿勢ではあるけれど、人が成長して世界を広げるためには、新しい世界に足を踏み入れ、自分が揺さぶられるような体験も必要だ。

　それは、乙女座にとって「恋愛」なのかもしれない。

　もちろん恋愛でも慎重さを崩さず、条件のいい相手と優等生的な恋をして、平和な結婚生活を送る乙女座は多い。

　でも、実は乙女座は12星座随一の恋愛体質。心の奥底には、燃えるような恋への欲望がある、恋のためにすべてを投げ打つ大胆さを秘めている。

　あなたは普通に考えたら絶対に選ばない相手を好きになってしまうことがないだろうか。恋をして、自分のペースがかき乱され、自分が自分じゃなくなるような感覚を味わうことがないだろうか。

　これまでのあなたはそういう感覚を覚えたとき、立ち止まってきたけれど、一度くらいは、そんな体験に飛び込んでみてもいい。

　平穏な生活は乱されてしまうかもしれない。心の安定が崩れ、大事に守ってきたルールもぐちゃぐちゃになるかもしれない。それでも、崩れることではじめてわかることもある。

　恋愛で自分のペースをかき乱されて混乱することで、あなたは一回り大きく成長できるだろう。

　いまは自分を振り回す恋愛も、ぶつかり合って価値観を共有することで将来的には信頼できるパートナーに変わる可能性もある。たとえどんなにひどい状況になっても、乙女座のあなたなら必ずまた自分が落ち着ける関係や状態に戻ってくることができる。

　だから思いきって恋に巻き込まれてみよう。

VIRGO

# 25

これから
あなたが「愛すべき」人
あなたを「愛してくれる」人

## あなたの純粋さと美意識を「応援」してくれる人

　乙女座の純粋さや美意識を「共有」してもらうのは難しい。でも、「応援」してくれる人ならきっといる。あなたのこだわりをリスペクトし、その実現を後押ししてくれる人。感覚の共有は「ずれ」が出たら終わるけれど、「応援」は裏切らない。あなたを「応援」してくれる人とは、きっと長くつきあっていけるだろう。

## 簡単にはわからない人、「余白」や「深み」のある人

　乙女座は観察力、分析力があるから、わかりやすい人、単純な人はもの足りない。いろんな経験を持っていながら、すべてを語らず、物事を深く考えている。そんな人に出会って、「この人のことをもっと知りたい」「この人の本質をつかみたい」、そういう気持ちが芽生えたら、きっとあなたは素敵な恋に落ちるだろう。

## 「肩の荷」を半分だけ、自然に背負ってくれる人

　たいていの乙女座は、責任や使命といった重い「荷物」を背負い込んでいる。でも、必要なのは、「肩の荷を降ろしなよ」というアドバイスじゃない。その「肩の荷」を何もいわず、全部じゃなくて半分だけ自然に背負ってくれる人。そんな人と一緒に人生を歩んでいけたら、あなたはきっと幸せになる。

VIRGO

# PERSON
乙女座の偉人
## 9

# 理想の追求は
# 何歳からはじめたっていい

## ターシャ・テューダー
### Tasha Tudor

**1915 年 8 月 28 日生まれ**
**絵本作家・園芸家**

『マザーグース』などを代表作に持つ絵本作家。アメリカ・ボストンで屈指の名家に生まれるが、15 歳で学校を飛び出し農場で暮らすようになる。23 歳で絵本作家としてデビューし、淡いタッチで描かれた作品は「アメリカ人の心を描いている」といわれるようになる。40 代で離婚を経験。子どもたちが独立した後、57 歳で 30 万坪という広大な土地を購入し、30 年をかけて造園。四季折々の花とともに自給自足に近い生活を送った。

参考 「NHK 人物録」
https://www2.nhk.or.jp/archives/jinbutsu/detail.cgi?das_id=D0009250539_00000

VIRGO

## PERSON
乙女座の偉人
**10**

# 「幸福の青い鳥」には
# どこで出会えるのか

## モーリス・メーテルリンク
### Maurice Maeterlinck

**1862 年 8 月 29 日生まれ**
**劇作家・詩人**

幸福の象徴である「青い鳥」を探す旅を描いた『青い鳥』の作者。ベルギーで生まれ、中学生の頃から詩を書きはじめたモーリスは弁護士となるものの、フランスで文学者として活動を開始。1889 年に戯曲『マレーヌ姫』を出版し、「ベルギーのシェイクスピア」として一躍有名となる。その後、1906 年に『青い鳥』を発表し、1911 年にノーベル文学賞を受賞。人間の霊性や、生命の神秘に目を向けた独自の作風が多くのファンを魅了している。

参考　「ブッククラブ回」
https://www.bookclubkai.jp/portfolio/people70/

VIRGO

# CHAPTER 6
# 自分をもっと
# 成長させるために

## 【心がけ／ルール】

自分らしさってなんだろう？
誰もが、もって生まれたものがある。
でも、大人になるうちに、
本来の自分を失ってはいないか。
本来もっているはずの自分を発揮するために、
大切にするべきことは？

VIRGO

# 26

スキルや資格で
「自信の根拠」を
つくっておく

自分にも厳しくて、ついつい辛い自己採点をしてしまいがちな乙女座のあなた。いろんなことができるのに、自信が持てず立ち止まってしまうことがよくある。チャンスが舞い降りても手を挙げられず、断ってしまったり、本当は興味のある仕事があっても自分には無理とあきらめてしまったり。

　人は「もっと自信を持て」というけれど、自信なんてそんなに簡単には芽生えない。無理に自信を持とうとするより、自信の根拠になることを積み重ねていったほうがいい。

　新しいことが怖いと思ったら、すぐにやらなくていいから、その新しいことに必要な「知識」や「スキル」を学ぶ時間をたっぷりとってみる。きっと怖さが半減するはずだ。

　具体的に何が不安かわからないなら、身につけるスキルは、いまの仕事や将来につながるものじゃなくてもいい。デザインやプログラミング、英会話、校正、料理、木工、彫金……なんだっていいから、ひとつのことを徹底的に習得してみる。

　資格を取るのもありだ。これも、仕事に直接つながらないことが多いけれど、形だけの資格だっていい。いろんな資格を取りまくって「資格マニア」といわれてもかまわない。

　具体的な中身より、こんなに勉強した、スキルを身につけた、資格というお墨付きを得たという実感が大事。その実感があなたの背中を押してくれる。

　準備や勉強の時間は、立ち止まっているように見えるかもしれないけれど、そんな時間こそ、自信の素を増やすことができる。

　スキルや資格は臆病なあなたを無理やりにでも新しい世界へ引っ張っていってくれるパスポート。これがあれば、チャンスが巡ってきたときに、ためらわずに一歩踏み出せるはずだ。

VIRGO

# 27

## 自分で自分に
「役割」を与える

乙女座の大きなモチベーションの源になるのが「役に立っている」という実感。自分の担うべき役割が定まると、人一倍がんばれるし、高い能力を発揮するけれど、逆に、自分の役割・ミッションがはっきりしないと、モチベーションが一気に下がって、何もできなくなってしまう。

　周りや上司があなたの役割や目的を明確に示してくれれば最高だけれど、そういう環境に恵まれるとはかぎらない。肩書きや担当はあっても、実際にやるべきことは曖昧で便利屋的に使われたり、なんのためにやっている仕事なのか、わからなかったり。

　そういうときは、自分が本当はどんなミッションを担えばいいか、どこに役割意識を持てばいいか、自分自身で見出していこう。

　あなたは観察力があるから、自分の周りや社会をきちんと見れば、いま、どんな状況にあって、何が足りないかがわかる。分析力もあるから、自分に何が求められ、これから自分に何ができるのか、もはっきりしてくるはずだ。

　そうしたら次は、自分で自分に具体的な役職名や担当名をつけてみよう。たとえば、デジタル化の遅れに危機感を覚えているなら「DX 応援団」、業務のリレーションの悪さを改善したいと思っているなら「隙間を埋める担当」、部署を超えて若手の悩み相談に乗ろうと決意したら「なんでも相談係」、というように。

　自分で自分に役割をはっきり与えて意識を高めれば、あなたは、通常の業務とは別に、必ずそのミッションに必死で取り組むようになる。より効果的なアプローチを研究して、すこしずつ問題を解決できるようになる。周りもそんなあなたを認めて、いつか、本当にその役割に専念できる機会が与えられるかもしれない。

　自分で役割や使命を見つけ、与えることが、きっと自分の新たな可能性を広げるきっかけになるはずだ。

VIRGO

# 28

## 暮らしと体を
## 「整った」状態に保つ

「整う」という言葉があるが、乙女座ほど「整う」ことが重要な星座はない。規則正しい生活サイクル。整頓された部屋。いい素材を使って手間をかけた料理。毎日の暮らしが整ってはじめて、心が安定し、能力を発揮できる。

　それは「整理するのが苦手で、部屋が散らかっている」という人も同じ。絶対に切らさない消耗品がある、本の並べ方に自分なりのルールがある、お気に入りの文房具で欠かさず家計簿をつけるなど、別のところで「整え方」を持っている。

　あなたも、あなたなりの「整え方」を自覚し、日々の暮らしや生活を整えよう。

　ただ、乙女座がなかなかできないのが、体を整えるということ。

　乙女座は責任感が強いため、がんばりすぎて、体を置いてけぼりにしがち。「自分がやらなきゃ」「これはすべきこと」といったん思えば、寝食も忘れて取り組んでしまう。

　その結果、自分では気がつかないうちに、体が疲弊し、やがて体の不調となって表れる。実は乙女座はストレスが体に表れやすいから、いきなりひどい状態になることも少なくない。

　そんなことにならないよう、つねに体の声に耳を傾けて、整えることを心がけよう。

　たとえば、定期的にアロマセラピーやマッサージを受けに行く。太極拳やヨガを習ってみるのもいいし、温泉やサウナに出かけるだけでもずいぶん心と体がリフレッシュされるはずだ。

　暮らしと体が「整った」状態になれば、あなたはこれまで以上に力を発揮できる。ためらっていた新しい役割やハードワークにも、チャレンジできるようになるだろう。

VIRGO

# 29

「マニュアル」を
守る側から
つくる側へ

ちょっと前の星占いの本に、乙女座は「マニュアル」を律儀に順守すると書かれているのを見かけたことがある。

　確かに、乙女座は手順やプロセスを大事にする。でも、誰かのつくった方法に乗っかろうとするただの「マニュアル人間」ではない。むしろ、乙女座はどうすればゴールに辿り着けるか、自分の頭で考えて、試行錯誤を繰り返しながら、一番効果的な方法や成果の上がる法則を見つけ出す。

　つまり、他人がつくったマニュアルを追いかけるのではなく、自らマニュアルをつくり出す側の人間なのだ。

　象徴的なのが、ケンタッキーフライドチキンの創業者であるカーネル・サンダース。乙女座生まれのカーネル・サンダースは、65歳にして経営していたレストランが倒産し、無一文になったが、評判だったフライドチキンのレシピを元に、マニュアルをつくり出し、世界初のフランチャイズチェーンを生み出した。

　あなたもそう。いろんな苦労をしながら一つひとつ手順を踏んで、ゴールに辿り着く方法を発見するのはもちろん、そのプロセスをきちんと言葉や方法論にして伝えることができる。

　職人には自分だけが極めていくタイプと自分の技をきちんと伝授できるタイプがいるが、乙女座は間違いなく後者。他の人が「感覚」「勘」で済ませるような、細かい手順も論理的に説明できる。

　だから、あなたの仕事や趣味、日常生活のなかで、何か取り組んでいることがあるなら、マニュアル化し、発信していこう。

　あなたがマニュアルにして伝えれば、みんながあなたの後に続く。あなたが先を行って、効果的な方法を広めることで、この社会はもっと快適になるだろう。

VIRGO

# 30

「見えないもの」を
見る力を鍛える

何度も語ってきたように、乙女座が秀でているのは、観察力と分析力。この力が乙女座に高い評価と成功をもたらしてきた。

　いまのままでも十分だけれど、観察力と分析力をもっと研ぎ澄ませれば、あなたの可能性はさらに広がる。

　正しく美しく整った状態とのズレや修正点を見抜くだけでなく、曖昧な違いやはみ出たもののよさがわかるようになる。いろんな角度から物事が見えるようになって、見えないものを想像して分析できるようになる。

　観察力・分析力をもう一段レベルアップするのに有効なのが、絵画やアート作品の鑑賞。アートに法則や常識は通用しないから、素人は「結局は好み」という。でも、アートの目利きの人たちは、微細に多角的に作品をチェックして、作品の価値を判断している。

　全体像を把握しながら、細かいディテールとの関係を分析し、制作意図を読み解く。表現されたイメージと背後にある文脈の関係を推理し、自分なりに解釈する。

　あなたもこんなふうに絵画を見るトレーニングを繰り返せば、観察力はさらにブラッシュアップされる。それまで見えていなかったものが見えるようになってくる。

　実際、絵画を見るトレーニングはいまビジネスの世界でも注目されているし、ノーベル賞学者や起業家などにも絵画鑑賞をたしなむ人が非常に多い。乙女座の投資家ウォーレン・バフェットも、会社をひとつの絵のようにとらえ、投資先を選び、評価するという。

　あなたも、絵画を見るように世界を見ることができるようになれば、世界はもっともっと広がっていくはずだ。

# 「やってみて」からでも
# 案外なんとでもなる

## カーネル・サンダース
### Colonel Sanders

**1890 年 9 月 9 日生まれ**
**実業家**

米インディアナ州の貧しい家で生まれ、10 歳から働き出し、
ペンキ塗り、鉄道員、保険営業、蒸気船の運行会社の経営
などさまざまな職業を転々。その後、40 歳でガソリンスタン
ドのオーナーとなり、併設された倉庫をカフェとしてオープン。
フライドチキンが評判の店として繁盛するが、新しい高速道路
の建設で客足が途絶え、65 歳で無一文に。このとき、チキ
ンの「レシピを売る」方法を考案し、KFC の生みの親となった。

参考 「カーネル・サンダースの部屋／ KFC」
https://www.kfc.co.jp/about_kfc/ilovekfc/colonelroom.html

VIRGO

# PERSON
乙女座の偉人
## 12

# 新時代の日本を代表する
# アニメーション監督

# 細田守
### Mamoru Hosoda

**1967 年 9 月 19 日生まれ**
**アニメーション監督、アニメーター**

東映動画（現・東映アニメーション）でアニメーター、演出とし
て活躍をした後、監督として作品に携わる。2006 年公開の『時
をかける少女』のヒットで一躍人気となると、『サマーウォーズ』
『バケモノの子』などを生み出し、日本を代表するアニメ監督
となる。2018 年に発表した『未来のミライ』は米アカデミー賞
長編アニメーション映画賞にノミネートされ、第 46 回アニー
賞で「インディペンデント作品賞」を受賞している。

参考　「映画ナタリー」
https://natalie.mu/eiga/artist/45427

VIRGO

# CHAPTER 7

# 新しい世界を
# 生きていくために

## 【未来／課題／新しい自分】

乙女座は、これからの時代をどう生きていくのか。
変わっていく新しい世界で、
未来のあなたがより輝くために、
より豊かな人生を生きていくために、
乙女座が新しい自分に出会うために、大切なこと。

VIRGO

# 31

「変化」に疲れたら
自分の世界づくりを
はじめよう

テクノロジーが急速に進化し、価値観が大きく変わる時代。でも、乙女座は怖がる必要はない。柔軟宮に属している星座だから、変化にはフレキシブルに対応できるし、知性と分析力があるから、未知の課題にも必ず解決策を見出すことができる。

　これからの乙女座は、時代の変化を前にフリーズしている人たちをサポートすることで、どんどん評価が高まり、いろんな場所で求められるようになるだろう。

　むしろ、あなたの問題は、変化に敏感になりすぎること。乙女座は真面目で使命感があるから、ひとたび「時代の変化に対応する」ことを自分のミッションととらえてしまうと、些細な変化でも気になってしようがなくなる。

　実際はなんの影響もない動きに大騒ぎしたり、これまで通りの方法で十分対応できるのに、意味もなく新しいことをはじめたり、古いやり方を続けている人に苛立ってしまったり。変化に対応することに疲弊して、そのうち精神が参ってしまうこともある。

　そういうときは、一度、周りの動きから距離を置いて、自分だけの世界を見つめてみよう。乙女座は柔軟な対応力を持っている一方で、揺るぎない価値観を持っている。10年先、20年先も変わらない普遍的に美しい世界をひとりでつくり出すことができる。

　"変化疲れ"は、乙女座にとって、そうした自分の世界づくりをはじめる絶好の機会になるかもしれない。

　もちろん、自分の世界に癒されてから、再び、動きの激しい世界に戻っても、あなたは十分やっていける。

　いま起きている変化が定着するのは、星の動きからすると、早くて20年先。敏感になりすぎず、時代や社会の動きとほどよい距離をとろう。

VIRGO

# 32

## SNS を使って
## 「無名の職人」から
## 「表現者」へ

どんな仕事にも丁寧に緻密に取り組み、美しく完璧な世界を
つくることのできる乙女座だけれど、自分の名前が売れることに
はあまり執着がない。むしろ自分が目立つことを避ける傾向もあ
る。

　出しゃばらず、我を出さず、黙々と完璧を目指す。その姿はま
さに一流の工芸品をつくり出す“昔気質の職人”。あなたもそう
いう職人的なありように、誇りを持っているのではないだろうか。

　でも、情報があふれかえり、みんなが「表現者」となって発信
しているいまの時代、“寡黙な職人”のままでは、どんなに素晴
らしい仕事をしていても、どんなに素敵なものをつくっていても、
人に伝わり、評価されるのは難しい。あなたはそれでいいという
かもしれないけれど、この先、どんどん活躍の場が狭まっていく。

　これはやはり、もったいない。「職人」でありたい気持ちはわ
かるけれど、そろそろあなたにも「表現者」として一歩を踏み出
す時期がきているのではないだろうか。

　難しく考える必要はない。あなたが本気で取り組んでいるもの、
あなたが真剣に向き合っているものを、恥ずかしがらずにそのま
ま SNS で発信するだけでいい。

　他の人たちがやっているような、セルフブランディングや過度
な自己アピールも必要ない。

　あなたがつくった作品、あなたが撮った写真、あなたの丁寧
な暮らし、あなたの文章、あなたのこだわり……なんであれ、あ
なたの表現にはもともと、人の心をつかむ美しさがある。

　それを素直に淡々と紹介するだけで、あなたの表現を高く評
価する人、あなたの思いに共感する人が増えていく。

　根本的な姿勢はこれまで通り「職人」のまま。一歩だけ自分
を表に出す覚悟を持てば、あなたの人生は大きく変わるだろう。

VIRGO

# 33

「時短」で人生に
「余白」をつくり出す

乙女座は忙しい。サポート精神があるから、いろんな役割を引き受けて、スケジュールはいつも真っ黒。それを完璧にこなすから、さらに頼られてミッションがどんどん増えていく。

　人に求められるのは乙女座の生きがいではあるけれど、でも、このまま「やらなければいけないこと」に追われるだけの人生でいいのだろうか。乙女座には一方で、高い理想、自分だけの世界を実現したいという思いがあるのに、こんなに忙しくては、それが何かさえわからない。

「奇跡は余白の部分に起きる」という言葉があるけれど、時間的な余裕がないと、自分を飛躍させる奇跡は起こせない。

　かといって、乙女座は責任感があるから、いま抱えているミッションを途中で放り出すことはできない。

　だったら、「時短」を心がけてみたらどうだろう。やるべきことを減らすのでなく、それぞれにかけている時間を短くするのだ。

　乙女座は料理や家事でも、仕事でも、丁寧にやるのが持ち味だから、抵抗を感じるかもしれない。でも、丁寧さを損なわず、時間を短縮する方法はたくさんある。勉強熱心な乙女座ならマスターできるし、自分の使命だと考えれば、積極的に実践できる。

　とにかく、いったん時間的余裕を生み出すことを優先してみよう。そして、余った時間ができたら、新たにスケジュールを入れず、何も予定のない「空白」のままにしておこう。

　そうすると、頭のなかにも、新たに何かを考える「スペース」が生まれる。「やることないな」とぼんやりしていると、「将来、こんなことをやってみたい」という夢が湧き上がってくる。

　奇跡は余白の部分に起きるもの。時短で生まれた空白の時間は、きっとあなたの人生を新たなステージに導いてくれるはずだ。

# 34

「*ルール*」を更新し
自分の世界を広げていく

意識しているかどうかはわからないけれど、乙女座には確固とした自分のルールがある。ルールがあることで精神が安定し、迷いなく何かに取り組むことができる。

　でも、一方であなたはそのルールに縛られ、小さな世界に閉じ込められてしまうこともある。本来持っている力がそのルールのせいで、十分に発揮できないことも少なくない。

　もちろん、乙女座にとってルールは自分を保つ根幹だから、簡単に破ったり、捨てたりすることはできない。

　だったら、あなたの世界を広げるために、ルールをバージョンアップしよう。あなたを縛る古いルールを、新しいルールで上書きするのだ。

　たとえば、「人が嫌がることをしない」というルールはとても正しいルールだけれど、あなたから積極性を奪い、「こんなことをいったら嫌われないか」というマイナス思考を誘発する。

　それを「1日1回人がよろこぶことをする」というルールに変えたらどうだろう。マイナスに向いていたエネルギーがプラスに転化され、いままで以上に、他人といい関係を築くことができるかもしれない。

　自分の殻を破るきっかけや欠点を補うルールを加えるのもいい。コミュニケーションが苦手な人は、「朝、最初に出会った人に必ず声をかける」というルール。引きこもりがちなら「月に1回、行ったことのない場所に出かける」ことをルールにする。

　あなたはルールさえあれば、必ずそれをきちんと守っていくことができる。後ろ向きな自分を前向きにするルール、マイナスじゃなくてプラスに目がいくようなルール。そんな新しいルールをつくって、自分の世界を広げていこう。

VIRGO

# 35

「役割」から「存在」へ

「あなたには安心して任せられる」「あなたががんばってくれて助かっている」「あなたの力がなければやっていけない」

　乙女座は、こんなふうに褒められることが多い。使命感、役割意識の強い乙女座にとっては最高の褒め言葉。その言葉があるからがんばれるという人も少なくない。

　でも、本当は、ミッションを完璧に果たすから、みんなをサポートできるから、乙女座に価値があるわけではない。

　何もしていなくても、あなたの凛とした佇まいに触れれば、みんながリスペクトする。あなたのなかにある純粋なきらめきや美しい世界を感じれば、多くの人が心を惹きつけられる。乙女座は役割なんてなくても、そこにただいるだけで十分に輝くのだ。

　ただ、乙女座は自分に厳しく自信のない人が多いから、自分でそのことに気づかない。必死で役割を担い、懸命にミッションを果たすことで自己評価の低さを埋めようとする。

　それは成長を促し悪いことではないけれど、でも、役割はいつか交代のときがくる。ミッションはいつか終わる。

　そのときのためにも、あなたは自分という存在が持つ魅力に気づくべきだ。「いるだけで自分は価値がある」と自信を持つべきだ。

　そのためには、もうすこしわがままになっていい。役割を果たすより、もっと自分自身の奥深いところに関心を向けていこう。

　自分が持っている世界の美しさをあなた自身が感じ取れるようになれば、きっと自信が湧いてくる。「あなたがいて助かる」という声だけでなく、「あなたはいてくれるだけでいい」という声が聞こえるようになる。

「役割」から「存在」へ。これから、あなたの本当のステージがはじまる。

VIRGO

# PERSON
乙女座の偉人
## 13

# アーティストであり、職人 究極の表現者

## マイケル・ジャクソン
### Michael Jackson

**1958 年 8 月 29 日生まれ**
**歌手・ダンサー**

アメリカで生まれ、1966 年に兄弟とともに「ジャクソン・ファイヴ」としてデビュー、『ABC』などが大ヒットする。その後ソロ活動を開始し、1982 年の『スリラー』は 1 億枚以上というケタ違いのセールスを記録。数々の記録的ヒットを連発し、「キング・オブ・ポップ」として世界の音楽業界のトップに立った。歌だけではなく、ダンス、作曲、プロデュースなど多方面でその才能を発揮し、唯一無二の存在となっている。

参考 「Sony Music」
https://www.sonymusic.co.jp/artist/MichaelJackson/profile/

# VIRGO

KEEP YOUR PURE HEART.

## EPILOGUE

### 乙女座が後悔なく生きるために

乙女座が一歩を踏み出すために、
やりたいことを見つけるために、
迷いを吹っ切るために、
自分に自信を持つために、
新しい自分に変わるための指針。

乙女座が思い描く
その美しい世界は
いつまでも完成しない。
変えては新しくつくる、
その成長の過程こそが、
乙女座の生き方だ。

あなたには調和を保ちながら、
状況を変えていく力がある。
外からは見えない。
ほとんどの人は気づかない。
でもあなたは次の段階に向けて
変える準備をはじめることができる。

けっして計算高くはない。
子どものようにひたすら純真で、まっすぐ。
その心の奥底には
もっと正しく、美しくしたい、
という期待感が宿っている。

乙女座には
根気強さと繊細さがある。
それは、
古びたものや汚れたものを、
美しいものに磨き上げるために
使われるべき特性だ。

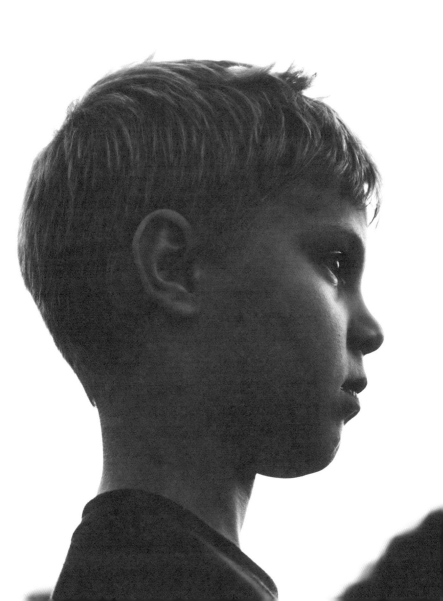

あなたは
自分だけの世界をつくることもできるし、
その世界を広げていくこともできる。
あなただけの世界に、
心を許せる人を招き入れることで、
もっとポジティブに変われるかもしれない。

美しいものを共有できる者同士、
もっと成長して、もっと進化したい。

自分にとって、
気持ちのいいやり方でやっていこう。
焦らなくても大丈夫。

変わる瞬間は、忘れた頃にやってくるから。

# 乙女座はこの期間に生まれました。

誕生星座というのは、生まれたときに太陽が入っていた星座のこと。
太陽が乙女座に入っていた以下の期間に生まれた人が乙女座です。
厳密には太陽の動きによって、星座の境界は年によって1～2日変動しますので、
生まれた年の期間を確認してください。(これ以前は獅子座、これ以後は天秤座です)

| 生まれた年 | 期間（日本時間） | 生まれた年 | 期間（日本時間） |
|---|---|---|---|
| 1936 | 08/23 17:10 ～ 09/23 14:24 | 1980 | 08/23 08:40 ～ 09/23 06:07 |
| 1937 | 08/23 22:57 ～ 09/23 20:11 | 1981 | 08/23 14:38 ～ 09/23 12:04 |
| 1938 | 08/24 04:45 ～ 09/24 01:58 | 1982 | 08/23 20:15 ～ 09/23 17:45 |
| 1939 | 08/24 10:31 ～ 09/24 07:48 | 1983 | 08/24 02:07 ～ 09/23 23:40 |
| 1940 | 08/23 16:28 ～ 09/24 13:44 | 1984 | 08/23 08:00 ～ 09/23 05:31 |
| 1941 | 08/23 22:16 ～ 09/23 19:31 | 1985 | 08/23 13:35 ～ 09/23 11:06 |
| 1942 | 08/24 03:58 ～ 09/24 01:15 | 1986 | 08/23 19:25 ～ 09/23 16:57 |
| 1943 | 08/24 09:54 ～ 09/24 07:10 | 1987 | 08/24 01:09 ～ 09/23 22:44 |
| 1944 | 08/23 15:46 ～ 09/23 13:00 | 1988 | 08/23 06:54 ～ 09/23 04:27 |
| 1945 | 08/23 21:35 ～ 09/23 18:48 | 1989 | 08/23 12:46 ～ 09/23 10:18 |
| 1946 | 08/24 03:26 ～ 09/24 00:39 | 1990 | 08/23 18:20 ～ 09/23 15:54 |
| 1947 | 08/24 09:08 ～ 09/24 06:27 | 1991 | 08/24 00:12 ～ 09/23 21:47 |
| 1948 | 08/23 16:02 ～ 09/23 12:20 | 1992 | 08/23 06:10 ～ 09/23 03:41 |
| 1949 | 08/23 21:48 ～ 09/23 18:04 | 1993 | 08/23 11:50 ～ 09/23 09:21 |
| 1950 | 08/24 03:23 ～ 09/23 23:42 | 1994 | 08/23 17:43 ～ 09/23 15:18 |
| 1951 | 08/24 09:16 ～ 09/24 05:35 | 1995 | 08/23 23:34 ～ 09/23 21:11 |
| 1952 | 08/23 14:02 ～ 09/23 11:22 | 1996 | 08/23 05:22 ～ 09/23 02:59 |
| 1953 | 08/23 19:45 ～ 09/23 17:04 | 1997 | 08/23 11:19 ～ 09/23 08:54 |
| 1954 | 08/24 01:35 ～ 09/23 22:54 | 1998 | 08/23 16:58 ～ 09/23 14:36 |
| 1955 | 08/24 07:18 ～ 09/24 04:39 | 1999 | 08/23 22:51 ～ 09/23 20:30 |
| 1956 | 08/23 13:14 ～ 09/23 10:34 | 2000 | 08/23 04:48 ～ 09/23 02:26 |
| 1957 | 08/23 19:07 ～ 09/23 16:25 | 2001 | 08/23 10:27 ～ 09/23 08:03 |
| 1958 | 08/24 00:45 ～ 09/23 22:07 | 2002 | 08/23 16:16 ～ 09/23 13:54 |
| 1959 | 08/24 06:43 ～ 09/24 04:07 | 2003 | 08/23 22:08 ～ 09/23 19:45 |
| 1960 | 08/23 12:34 ～ 09/23 09:57 | 2004 | 08/23 03:53 ～ 09/23 01:28 |
| 1961 | 08/23 18:18 ～ 09/23 15:41 | 2005 | 08/23 09:45 ～ 09/23 07:22 |
| 1962 | 08/24 00:12 ～ 09/23 21:34 | 2006 | 08/23 15:22 ～ 09/23 13:02 |
| 1963 | 08/24 05:57 ～ 09/24 03:22 | 2007 | 08/23 21:07 ～ 09/23 18:50 |
| 1964 | 08/23 11:51 ～ 09/23 09:15 | 2008 | 08/23 03:02 ～ 09/24 00:43 |
| 1965 | 08/23 17:42 ～ 09/23 15:04 | 2009 | 08/23 08:38 ～ 09/23 06:17 |
| 1966 | 08/23 23:17 ～ 09/23 20:42 | 2010 | 08/23 14:26 ～ 09/23 12:08 |
| 1967 | 08/24 05:12 ～ 09/24 02:37 | 2011 | 08/23 20:20 ～ 09/23 18:03 |
| 1968 | 08/23 11:02 ～ 09/23 08:25 | 2012 | 08/23 02:06 ～ 09/22 23:47 |
| 1969 | 08/23 16:43 ～ 09/23 14:05 | 2013 | 08/23 08:01 ～ 09/23 05:43 |
| 1970 | 08/23 22:33 ～ 09/23 19:57 | 2014 | 08/23 13:45 ～ 09/23 11:28 |
| 1971 | 08/24 04:15 ～ 09/24 01:43 | 2015 | 08/23 19:37 ～ 09/23 17:19 |
| 1972 | 08/23 10:03 ～ 09/23 07:31 | 2016 | 08/23 01:38 ～ 09/22 23:20 |
| 1973 | 08/23 15:53 ～ 09/23 13:20 | 2017 | 08/23 07:20 ～ 09/23 05:00 |
| 1974 | 08/23 21:28 ～ 09/23 18:57 | 2018 | 08/23 13:08 ～ 09/23 10:53 |
| 1975 | 08/24 03:23 ～ 09/24 00:54 | 2019 | 08/23 19:02 ～ 09/23 16:49 |
| 1976 | 08/23 09:18 ～ 09/23 06:47 | 2020 | 08/23 00:44 ～ 09/22 22:29 |
| 1977 | 08/23 15:00 ～ 09/23 12:28 | 2021 | 08/23 06:34 ～ 09/23 04:20 |
| 1978 | 08/23 20:56 ～ 09/23 18:24 | 2022 | 08/23 12:16 ～ 09/23 10:02 |
| 1979 | 08/24 02:46 ～ 09/24 00:15 | 2023 | 08/23 18:01 ～ 09/23 15:48 |

※秒数は切り捨てています

著者プロフィール

# 鏡リュウジ
*Ryuji Kagami*

1968 年、京都生まれ。
心理占星術研究家・翻訳家。国際基督教大学卒業、同大学院修士課程修了 (比較
文化)。
高校時代より、星占い記事を執筆するなど活躍。心理学的アプローチをまじえた占
星術を日本で紹介することによって、占いマニア以外の人にも幅広くアピールするこ
とに成功。占星術の第一人者としての地位を確たるものとし、一般女性誌の占い特
集では欠くことのできない存在となる。また、大学で教鞭をとるなど、アカデミック
な世界での占星術の紹介にも積極的。
英国占星術協会会員、日本トランスパーソナル学会理事、平安女学院大学客員教授、
京都文教大学客員教授、東京アストロロジー・スクール代表講師などを務める。

# 純粋さを守り抜け
### 乙女座の君へ贈る言葉

2023 年 4 月 15 日　初版発行

著者　鏡リュウジ

写真　Getty Images
デザイン　井上新八
構成　ホシヨミ文庫
太陽の運行表提供　Astrodienst /astro.com
広報　岩田梨恵子
営業　市川聡／二瓶義基
制作　成田夕子
編集　奥野日奈子／松本幸樹

発行者　鶴巻謙介
発行・発売　サンクチュアリ出版
〒 113-0023　東京都文京区向丘 2-14-9
TEL 03-5834-2507　FAX 03-5834-2508
https://www.sanctuarybooks.jp
info@sanctuarybooks.jp

印刷・製本　中央精版印刷株式会社

©Ryuji Kagami 2023 PRINTED IN JAPAN